AF224515

COMMUNE

DE

CHAMPIGNY-SUR-MARNE

(SEINE)

RELATION

DÉ

L'INAUGURATION DU MONUMENT COMMÉMORATIF

DES

BATAILLES DES 30 NOVEMBRE ET 1ᵉʳ DÉCEMBRE 1870

FAITE PAR

MM. PRÉVOST-ROUSSEAU, Maire ; LE ROY DESCLOSAGES, Adjoint

FABRE, Curé de Champigny.

PARIS

IMPRIMERIE ADMINISTRATIVE DE PAUL DUPONT

41, RUE J.-J.-ROUSSEAU (HÔTEL DES FERMES)

—

1873

RELATION

DE

L'INAUGURATION DU MONUMENT COMMÉMORATIF

DES

Batailles des 30 Novembre et 2 Décembre 1870

FAITE PAR

M. Prévost-Rousseau, Maire, **M. Le Roy Desclosages,**
Adjoint, et M. Favre, curé de Champigny.

—+>>※<<+—

PARIS

IMPRIMERIE PAUL DUPONT

41, Rue Jean-Jacques-Rousseau, 41

1873

RELATION DE L'INAUGURATION

DU

MONUMENT COMMÉMORATIF

DES

BATAILLES DES 30 NOVEMBRE ET 2 DÉCEMBRE 1870

FAITE PAR

M. Prévost-Rousseau, Maire, **M. Le Roy Desclosages**, Adjoint, et **M. Fabre**, Curé de Champigny.

2 décembre 1873.

M. le Préfet de la Seine ayant, dès le commencement de novembre, autorisé la commune de Champigny à s'occuper de l'inauguration du monument voté par le Conseil général, le Maire a dû solliciter le concours de M. le Ministre de la guerre, de M. le Gouverneur de Paris et de M. le Président du Conseil général, qui se sont prêtés, avec le plus aimable empressement, au désir de la Municipalité de Champigny.

M. le Général de division Boissonnet a été désigné pour

représenter l'Armée, et M. le Colonel d'état-major marquis d'Andigné, pour représenter le Gouverneur de Paris.

Vingt Membres du Conseil général se sont inscrits pour assister à la cérémonie : M. le Président, retenu à la Chambre des Députés par son mandat de représentant, a bien voulu s'excuser par une lettre et déléguer M. Callon, Vice-Président, chargé de porter la parole pour ses Collègues.

M. le Colonel Robert, du 39e de ligne, a été désigné pour commander le détachement de troupes composé de son régiment, d'un escadron de chasseurs et d'une batterie d'artillerie.

M. le Curé de Champigny faisait en même temps des démarches auprès de Mgr l'Archevêque de Paris, qui chargeait M. l'abbé Legrand, Curé de Saint-Germain-l'Auxerrois et Vicaire général, de le représenter à cette cérémonie.

L'Église étant trop petite pour contenir toutes les personnes qui pouvaient s'y présenter, on a dû réserver la plus grande partie des places pour les familles des victimes, les députations de l'Administration, du Clergé, de l'Armée et de la Presse, qui étaient introduites par cinq Commissaires, Membres du Conseil municipal.

MM. les Généraux Ducrot et Frébault s'étaient excusés de ne pouvoir assister à cette cérémonie, qui rappelait les grands événements dont ils avaient été les acteurs principaux ; le premier, retenu par son commandement, à Bourges ; le second, par sa place à la Chambre des Députés.

Aux deux Généraux Boissonnet s'étaient joints les Généraux Appert, Fournès, le Contre-Amiral Ribourt, le Colonel Lambert, commandant la légion de gendarmerie, et beaucoup d'Officiers de tous grades et de toutes armes.

M. le Sous-Préfet de Sceaux et plusieurs Chefs de service assistaient à la cérémonie.

M. le Secrétaire général et M. le Secrétaire particulier avaient été délégués par M. le Préfet de police.

Presque tous les Maires et Adjoints des environs, au nombre de quarante, s'étaient fait un devoir de se joindre au Conseil municipal de Champigny, pour rendre encore une fois leurs douloureux hommages à nos morts si regrettés.

La présence d'un très-grand nombre de familles en deuil et le bruit des sanglots que des mères, des sœurs, des filles ou des épouses ne pouvaient contenir, achevaient de donner à la cérémonie son grave et religieux caractère.

Le public, admis après l'entrée des invités munis de billets, garnissait, au nombre d'environ deux cent cinquante personnes, les galeries supérieures et les bas - côtés de l'Église, qui a dû contenir près de sept cents assistants.

La Messe a été dite par M. Quinard, ancien Curé de Champigny, actuellement Curé de Clignancourt.

Deux quatuors du *Requiem* de Mozart ont été chantés d'une façon remarquable par des amateurs.

M. Dufour, artiste violoncelliste du Conservatoire et de l'Opéra, a exécuté, avec un talent supérieur, l'admirable prière du XVIe siècle due à l'inspiration de Stradella.

L'Orphéon de Champigny a chanté les deux grandes pages funèbres consacrées. L'orgue était tenu par M. Gaurion, maître de chapelle de l'église Sainte-Clotilde.

A une heure un quart, le Cortége s'est dirigé vers le monument, précédé de l'excellente musique du 39ᵉ, qui a fait entendre des accords funèbres d'un effet saisissant.

La marche était close par la fanfare du Parc.

Arrivé au monument couvert d'un immense crêpe, le Cortége s'est placé sous la tente dressée sur le plateau au bord de l'ancienne route ; le Maire, sur une estrade, faisait face à la foule. A côté de lui se trouvaient MM. les Généraux Boissonnet, M. le Colonel d'Andigné, MM. les Généraux Fournès et Appert, M. Callon, Vice-Président du Conseil général, M. le Sous-Préfet, MM. les Secrétaires du Préfet de Police, ainsi que les Membres des autres députations.

M. l'Abbé Legrand était en avant, près du monument. Une salve d'artillerie a annoncé le commencement de la cérémonie. La bénédiction terminée, le Maire se rendit au pied du monument avec les orateurs désignés, et prit la parole en ces termes :

« MESDAMES, MESSIEURS ET CHERS CONCITOYENS,

« Nous sommes réunis pour inaugurer le monument destiné à rappeler aux générations futures les si douloureuses, mais en même temps glorieuses journées des 30 novembre et 2 décembre 1870.

« Douloureuses en effet, car la France a eu à déplorer et pleure encore aujourd'hui la perte d'un bien grand nombre de ses officiers et soldats, des plus braves et des plus dévoués ; mais, en même temps glorieuses, car l'histoire, qui aura tant de mystères à révéler, dira, j'en suis *certain*, que nous avons *bien fait* de nous défendre et de montrer à l'Europe qu'au milieu de désastres effroyables sous lesquels le pays entier semblait s'effondrer, il s'est trouvé de dignes enfants venus de toutes les parties de la France, prêts, sans un instant d'hésitation, à se jeter, tête baissée, dans le cercle de fer et de feu qui nous étouffait ; prêts à affronter, le cœur haut, quoique presque sans espoir, les suprêmes dangers.

« Mais je m'arrête. Il appartient à des voix plus autorisées que la mienne de vous parler de ces graves événements.

« Je ne me permets de prendre ici la parole devant une telle assemblée que pour adresser, au nom du Conseil municipal et de la commune que j'ai l'honneur de représenter, tous nos remerciements aux personnes éminentes qui ont bien voulu prêter à notre touchante cérémonie l'appui de leur nom et l'autorité de leur présence.

« Merci donc à M. l'abbé Legrand, Vicaire Général de Monseigneur l'archevêque de Paris, qui va bientôt vous faire entendre les grands enseignements de la religion.

« Merci au noble Général Boissonnet, l'un des blessés de ces sanglantes journées, dont il a fallu contraindre la modestie pour le décider à représenter ici l'armée et tous ses braves compagnons d'armes.

« Merci à Messieurs du Conseil Général, qui nous ont donné ce monument. Monsieur le Vice-Président vous exprimera bien mieux que moi les sentiments que tous, j'en suis certain, nous avons dans le cœur.

« Merci à l'Administration supérieure, administration civile, administration militaire qui, avec tant d'empressement, nous ont prêté leur concours si aimable et si efficace.

« Merci à Monsieur Vaudremer, l'architecte de talent, qui a dû à son mérite d'être choisi au concours pour l'érection de ce monument commémoratif.

« Merci à la Presse, qui nous a si généreusement ouvert ses colonnes.

« Merci à ces bons et intimes amis, les compagnons ordinaires de nos chères études artistiques, qui, avec leur dévouement accoutumé, ont apporté à notre cérémonie religieuse le concours de leur talent.

« Merci enfin à nos chers collègues, les Maires et Adjoints des pays environnants, qui, par leur présence, montrent que nous marchons toujours unis dans le même sentiment, le sentiment du devoir à remplir et du respect de la loi, les deux conditions essentielles pour que notre France bien-aimée, notre jeune et chère République reprenne promptement dans l'estime de toutes les nations le rang élevé que l'histoire lui a toujours assigné (1). »

Nous regrettons de ne pas insérer ici, et tel qu'il a été prononcé, l'éloquent discours de M. Legrand. Comme il l'écrivait au Maire, en s'excusant de ne pouvoir lui remettre le texte d'un discours qu'il n'avait pas écrit, ce sont bien là des paroles qu'il a cherchées dans son propre cœur et dans le cœur de cette foule qui l'entourait. Qu'il nous soit permis, du moins, d'essayer de reproduire cette chaude improvisation ; nous tâcherons de le faire le plus fidèlement qu'il nous sera possible.

« MESSIEURS, mes FRÈRES,

« Trois ans se sont écoulés depuis le jour où se livra sur ces hauteurs le combat le plus mémorable et le plus glorieux du

---

(1) Des acclamations chaleureuses de : Vive la France ! Vive la République ! partent à ce moment de tous les côtés de l'auditoire. Cette manifestation, faite avec beaucoup de convenance et de modération, se calme comme par enchantement lorsque le Maire invite M. le Vicaire Général à prendre la parole.

siége de Paris. Il appartient au vaillant général, qui a joué un rôle dans ces grandes journées, de vous retracer les péripéties des batailles des 30 novembre et 2 décembre 1870. Laissez-moi vous dire quelques-uns des sentiments qui se pressent dans mon âme. Vous êtes ici sur une terre arrosée du sang de nos soldats. Les tertres qui les recouvrent se dressent de tous côtés autour de nous, et ce monument est destiné à rappeler aux générations futures la graudeur de leur courage et l'étendue de leur sacrifice. A ces nobles enfants, à ceux qui sont tombés pour la défense de la patrie, on a bien fait d'élever un monument qui rendît leur mémoire immortelle, car l'Église, elle aussi, aime les morts; elle perpétue leur souvenir et elle est heureuse des hommages qu'on rend à ceux qui ne sont plus. C'est là un culte populaire et dont se font honneur ceux mêmes qui n'en ont pas conservé d'autre. Mais l'Église aime surtout ceux qui ont donné leur vie pour leur pays, ceux qui en mourant ont légué à la postérité l'exemple de leur héroïque dévouement. Non, la mémoire de tant d'hommes immolés pour nous, de tant de victimes tombées dans la vaste étendue de ces plaines, ne périra pas ; leur nom vivra éternellement, comme nous l'affirme ce passage des morts que nous chantions tout à l'heure : *In memoria æterna erit justus.*

« Pour nous, nous ne connaissons pas tous les héros qui reposent sous cette terre à jamais célèbre. Parmi ces martyrs du devoir, parmi tous ces officiers et soldats qui ont donné leur sang pour le salut de la France, combien dont on ne prononcera jamais le nom ! Mais Dieu, soyez-en sûrs, les connaît bien ; il n'en oubliera aucun ; il n'oublie aucune larme, aucune douleur, aucun sacrifice.

« Ce sont ceux-là, tous ces héros, tous ceux qui ont vaillamment combattu pour leur pays, qui sont morts pour lui, que l'Église aime d'une manière toute particulière ; et savez-vous pourquoi? Parce qu'ils lui rappellent son Calvaire et son Christ ;

*

le Calvaire avec les tristesses, les douleurs et la mort de son Dieu. Que cette pensée nous inspire de la confiance et nous remplisse d'espoir pour ce cher pays de France que nous aimons tous. Car, ne l'oubliez pas, le salut est parti du Calvaire, et la régénération est sortie des angoisses de la Passion. Eh bien, nous voici sur un autre Calvaire ; le sang a coulé sur ces hauteurs ; il y a eu ici de grandes douleurs ; comme au Calvaire, des mères, des épouses et des sœurs pleurent encore aujourd'hui la mort de ceux qu'elles aimaient. Mais, je l'espère, de cette colline sanctifiée par la souffrance de tant de martyrs sortira aussi la régénération et le salut de la France, de cette France qui ne demande qu'à vivre, qui a toutes les énergies de la vie et qui en possède tous les éléments. Oui, de la mort de tant de courageux Français sortira la régénération de la France, et les malentendus qui nous divisent (car ce ne sont que des malentendus) se dissiperont bientôt. Que la mort de tous ces glorieux soldats nous donne la force de l'âme et le courage de chercher dans les vrais principes du patriotisme le moyen de reconquérir ce que nous avons perdu. »

Plusieurs fois, ce noble et mâle langage a produit sur les assistants une émotion puissante. A la fin, surtout quand M. Legrand, en parlant de ses espérances, a rappelé les enseignements que nous laissent ces morts glorieuses ; quand il a invité ses auditeurs à imiter le dévouement de ceux dont il célébrait la mémoire, on n'a pu s'empêcher d'applaudir à des paroles si fermes, si élevées et si patriotiques.

Puis s'est avancé le général Boissonnet, qui a prononcé le discours suivant :

« MESSIEURS,

« J'aurais désiré qu'une voix plus autorisée que la mienne vînt apporter à nos braves compagnons d'armes, tombés sur les champs de bataille de Villiers et de Champigny, le juste tribut de nos hommages et de nos regrets. Cet honneur revenait naturellement à notre valeureux chef, le général Ducrot, dont le nom restera toujours attaché aux plus glorieuses pages de la défense de Paris. Désigné, en son absence et à défaut des principaux chefs auxquels incombait le premier rôle, pour représenter l'armée à cette touchante et pieuse cérémonie, je serai certainement l'interprète des sentiments de tous, et en particulier de ceux qui ont combattu dans ces grandes journées, en remerciant les habitants et la Municipalité de Champigny, en remerciant le Conseil général de la Seine, d'avoir voulu perpétuer, par un monument commémoratif, le courage et le dévouement de nos regrettés camarades.

« Il y a trois ans, l'armée de Paris tentait un grand effort pour rompre le cercle d'investissement qui séparait la capitale du reste de la France. Paris était là, derrière elle, Paris qui lui disait : J'ai mis en toi tout mon espoir; ton succès, c'est ma délivrance, c'est la confiance rendue à tous, c'est la France sauvée peut-être ! Cette armée comprit la grande tâche qui lui était imposée : sous la conduite de son chef héroïque, elle passe la Marne, et, avec ce courage que donne le sentiment du devoir, l'amour de la patrie et la volonté de réussir, elle renouvelle efforts sur efforts pour se faire jour à travers les lignes allemandes. D'importantes positions sont enlevées; l'armée couche sur le champ de bataille qu'elle vient de conquérir, et les plus vigoureuses tentatives de l'ennemi ne parviennent pas à l'en déloger.

« La victoire, qui depuis si longtemps avait déserté nos drapeaux, nous revenait enfin; mais, hélas! au prix de quels sacrifices!

« Nous avions vu tomber successivement le chevaleresque général Renault, le brave général de La Charrière; là, étaient frappés le vaillant chef de notre artillerie, le général Frébault, le brave Paturel, notre cher général Ducrot lui-même.

« Là, tombèrent encore pour ne plus se relever les colonels de Podio, Sanguinetti, Neltner, Prévault, de Grancey, le brave Franchetti, et tant d'autres officiers et soldats, non moins héroïques, auxquels chacun de nous enviait le bonheur de mourir dans l'illusion de la victoire! Honneur surtout à vous, héros inconnus, martyrs du devoir et du dévouement à la patrie! Si l'histoire ne peut enregistrer tous vos noms, votre souvenir vivra du moins dans nos cœurs, et ce monument éternisera votre gloire.

« Je ne puis citer tous les corps, mais s'il est un régiment qui, dans cet anniversaire, mérite un hommage particulier, c'est certainement le quatrième Zouaves.

« Je suis heureux que la présence à cette cérémonie de son jeune et brillant colonel, le général Fournès, me donne l'occasion de citer exceptionnellement, entre tant de corps qui se sont distingués, ce vaillant régiment qui eut 900 hommes hors de combat à l'assaut du plateau de Villiers, et qui fut porté à l'ordre du jour de l'armée, le soir même de l'action.

« Dans ces deux grandes batailles, nous avions perdu plus de 6,000 hommes et 600 chevaux d'artillerie; des régiments étaient décimés et presque sans officiers, des batteries presque détruites; nos soldats exténués de fatigue et de froid. Il fallut considérer la situation: d'une part notre armée affaiblie par des pertes énormes; de l'autre, les bataillons ennemis se renforçant toujours ; enfin, l'armée de la Loire, que nous espérions joindre, était refoulée sur Orléans. Aller plus loin n'était pas possible, c'était courir à un désastre. Nous dûmes repasser la Marne ; mais avec quelle amertume, pour des cœurs la veille encore si pleins d'espoir ! Il fallait réorganiser l'armée avant de tenter de nouveaux efforts.

« La population de Paris recueillit nos malheureux blessés ; elle les soigna avec un dévouement admirable, montrant ainsi qu'elle savait reconnaître les efforts et les sacrifices faits pour sa délivrance. Vous avez voulu, Messieurs, continuer cette œuvre de reconnaissance, en élevant ce monument à la mémoire de nos braves et regrettés camarades tombés dans ces sanglantes journées. L'armée vous remercie, Messieurs, touchée de voir comment vous savez reconnaître et apprécier les sacrifices qu'elle est toujours prête à renouveler.

« Ceux que recouvre aujourd'hui cette terre glacée étaient accourus de tous les points du territoire ; tous, sans distinction de rang, de fortune, d'opinion, offraient à la France malheureuse le secours de leur bras et le sacrifice de leur vie. Que leur noble conduite soit pour nous un exemple et un enseignement. Rappelons-nous que l'union est la force des peuples, et fasse Dieu qu'unis dans un même sentiment de dévouement à la Patrie et à l'illustre Maréchal, sacré par tant de batailles, qui est à notre tête, nous travaillions tous ensemble à rendre à la France sa prospérité et sa grandeur ! »

Ce récit vif et animé de la bataille de Champigny, ce ton simple, vrai, exempt de recherche, cet art de tout dire avec une remarquable brièveté, tout cela a charmé du premier coup les nombreux auditeurs du général. Dès le début du discours, il était manifeste qu'on écoutait l'orateur avec la plus grande sympathie.

En plusieurs endroits, le général Boissonnet a été interrompu par les approbations de la foule. Ainsi on a salué au passage l'hommage rendu aux généraux Renault et Ladreit de La Charrière, aux colonels de Podio, Sanguinetti, Prévault, de Grancey, et qui se terminait par ces paroles d'une si mâle simplicité : « et tant d'autres officiers et soldats non moins héroïques, auxquels chacun de nous enviait le bonheur de mourir dans l'illusion de la victoire ! » Cet autre trait d'un caractère si ferme et si noble a produit une vive sensation : « l'Armée vous remercie, Messieurs, touchée de voir comment vous savez reconnaître et apprécier des sacrifices qu'elle est toujours prête à renouveler. »

M. Callon, Vice-Président du Conseil général, prend alors la parole en ces termes :

« Messieurs,

« Désigné par l'honorable Président du Conseil général de la Seine pour le représenter dans cette circonstance solennelle, je ne pourrais qu'affaiblir les paroles du vaillant général que vous venez d'entendre, si j'essayais de retracer en détail les souvenirs, glorieux et douloureux tout à la fois, des batailles de Champigny et de Villiers livrées les 30 novembre et 2 décembre 1870.

« Ces deux sanglantes journées constituèrent, vous le savez, le plus énergique effort de Paris assiégé. Sous l'influence de la nouvelle du succès de Coulmiers et de la reprise d'Orléans par l'armée de la Loire, Paris put concevoir l'espérance, par un grand coup frappé à propos, de donner la main à cette héroïque Armée et d'entrevoir, avec sa propre délivrance, la délivrance de la Patrie envahie.

« Messieurs, les nombreux tumulus qui entourent ce monument consacré aujourd'hui par la Religion et par le Patriotisme racontent, plus haut qu'aucun de nous ne pourrait le faire, le grand et viril effort qui fut tenté, dans ces deux journées, par les trois corps de la deuxième armée de Paris, réunis sur la Marne.

« Le 30 novembre, les Français, après une lutte inouïe, couchèrent sur leurs positions. Le 2 décembre, après une journée de trêve tacite, témoignant de leur victoire disputée, nos troupes, fatiguées du combat de l'avant-veille, ayant devant elles des adversaires sans cesse renouvelés, soutinrent dignement l'honneur du nom français, et, dès quatre heures du soir, nos positions furent rétablies telles que l'élan du 30 novembre les avait faites.

« Ainsi, les héros qui succombèrent en si grand nombre dans ces deux sanglantes batailles, purent avoir la consolation de croire, en exhalant leur dernier soupir, qu'ils étaient tombés au sein du triomphe et qu'ils payaient de leurs vies la délivrance de cette grande capitale qui, à cette époque, n'avait pas encore épuisé ses dernières misères, ni mangé son dernier morceau de pain !

« Merci à M. le général Boissonnet de nous avoir redit les noms des principaux de ses braves camarades tombés sous le feu de l'ennemi. La France ne les avait pas oubliés et ne les oubliera pas. Dans sa juste reconnaissance, elle n'oubliera pas non plus les chefs intrépides qui ont survécu à ces rudes journées. Mais on me pardonnera de dire ici hautement qu'il était bien difficile, au vaillant et modeste officier général qui a parlé avant moi, de toucher ni même d'effleurer un tel sujet. C'est lui, en effet, qui, sous les ordres de l'illustre général Frébault, aujourd'hui député de la Seine à l'Assemblée nationale, commandait les batteries du 2ᵉ corps, dont les énergiques efforts arrêtèrent la marche offensive de l'ennemi et réduisirent ses canons au silence. Pardonnez-moi, Messieurs, de rappeler en deux mots ces glorieux services et de nous féliciter que la mort n'ait pas voulu, ce jour-là, de l'intrépide soldat violemment touché d'un éclat d'obus au plus fort de la lutte !

« Qu'il me soit permis d'adresser les mêmes félicitations à son jeune et vaillant aide de camp, M. le capitaine Viel, que nous avons le bonheur de retrouver parmi nous, après sa double blessure de Reichshoffen et de Champigny !

« Messieurs,

« Si, malgré les difficultés de toutes sortes qui entravaient la bonne volonté de tous, nous eûmes la joie de conserver à la patrie un bon nombre de ses dévoués défenseurs, c'est que, dans ces jours d'épreuves, tout le monde fit son devoir.

« Nous nous rappellerons toute notre vie ces cruelles journées où la population entière, femmes, enfants, vieillards, accumulés sur le cours de Vincennes, attendait dans une anxiété silencieuse et fiévreuse des nouvelles de la bataille, accueillant, avec une pieuse cordialité et avec une générosité qui ne savait pas compter, les nombreux blessés que les péripéties de la lutte amenaient dans la ville d'heure en heure. Nous nous rappelerons toujours aussi ces longues nuits sinistres où les bateaux-mouches, descendant la Seine, transportaient jusqu'au centre de Paris leurs lamentables et précieux fardeaux, s'arrêtant de place en place pour les déposer dans les ambulances que le zèle et l'argent des citoyens, venant en aide aux autorités civiles et militaires, avaient en quelque sorte improvisées !

« Mais, au milieu de ce concours de tout un peuple, donnons un souvenir d'affectueuse gratitude à ces savants médecins, à ces habiles chirurgiens, enfin à ces infatigables ambulanciers, parmi lesquels vous nous approuverez tous si nous citons au premier rang et la Société internationale présidée par M. de Flavigny, dont nous déplorons la mort récente, et les ambulances de la Presse, qui sauvèrent tant de blessés, et ces humbles brancardiers de l'Institut des Frères, qui, pour emprunter le mot d'un journal de l'époque « montrèrent partout leur robe noire, au mépris du danger. »

« Merci, en un mot, à tous ces hommes qui, au milieu du deuil de la Patrie, sans distinction de rang, de fortune, d'opinion, firent pour sauver et guérir, ce qu'un implacable ennemi faisait pour détruire et pour tuer !

Messieurs, le Conseil général de la Seine a accueilli avec une sympathie profonde la pensée d'ériger autour de la Capitale, sur les lieux principaux de la lutte de 1870-71, des monuments durables qui attestent, devant l'Europe et devant la postérité, l'honneur de la résistance parisienne. Par là, en effet, tous comprendront que la gloire n'est pas invariablement attachée au triomphe ; qu'à cet égard du moins *la Force ne prime pas le Droit*, et que, là où l'honneur est sauf, les héroïques victimes tombées dans une lutte inégale commandent, autant que des victorieux, la gratitude de leurs concitoyens, le respect de leurs ennemis et l'estime de l'impartiale histoire

« C'est là ce qu'exprime merveilleusement, à mon sens, le monument, d'un caractère à la fois si modeste et si imposant, qu'un éminent artiste offre à notre admiration et à notre reconnaissance. Qu'il me soit permis, au nom du Conseil général, de féliciter M. Vaudremer d'avoir si bien compris et interprété la pensée de tous.

« Qu'il me soit permis enfin de remercier M. le Maire et MM. les membres du Conseil municipal de Champigny du zèle intelligent et patriotique apporté par eux à l'accomplissement d'une œuvre à laquelle nous sommes tous heureux d'avoir participé dans la mesure de nos attributions respectives. »

Ce discours a obtenu le plus légitime succès. L'éloge si mérité du général Boissonnet a été couvert d'applaudissements, ainsi que les témoignages de reconnaissance donnés aux médecins, chirurgiens, ambulanciers et brancardiers de ces lugubres et glorieuses journées, et encore plus cette phrase : « Tous comprendront que la gloire n'est pas invariablement attachée au triomphe ; qu'à cet égard, du moins, la force ne prime pas le droit. »

Après le discours de M. le Vice-Président, le Maire a prononcé ces dernières paroles.

« Pour clore dignement cette touchante cérémonie, toute en l'honneur de l'armée, j'engage les assistants à se joindre à moi pour crier : Vive l'Armée ! »

Ce cri a été répété avec enthousiasme par toute l'assemblée qui a encore poussé le cri de : Vive la France !

La foule, jusqu'à la tombée de la nuit, a visité le monument avec un pieux recueillement.

Paris. Imprimerie Paul Dupont, rue Jean-Jacques-Rousseau, 41. — (4370.12.3)